Arena-Taschenbuch
Band 2479

Jürgen Banscherus,
geboren 1949, war Journalist, Verlagslektor, Dozent und arbeitet seit 1989 als freier Schriftsteller. Er hat in Arena Verlag und Edition Bücherbär schon eine Reihe erfolgreicher und zum Teil preisgekrönter Kinder- und Jugendbücher veröffentlicht.

Katia Poyer,
gebürtige Französin, lebt seit vielen Jahren in Deutschland und unterrichtet Kinder und Erwachsene in Französisch. Sie ist ausgebildete Suggestopädin und PDL-Trainerin.

Ralf Butschkow,
1962 geboren, studierte Grafik und arbeitete ein paar Jahre in Werbeagenturen. Heute ist er als Kinderbuchillustrator für verschiedene Verlage tätig.

Jürgen Banscherus

Kwiatkowski et l'affaire des chewing-gums

Französische Textfassung von Katia Poyer

Mit Illustrationen von Ralf Butschkow

Arena

1. Auflage als Arena-Taschenbuch 2005

Französische Fassung von *Ein Fall für Kwiatkowski. Die Kaugummiverschwörung*

Französische Fassung: Katia Poyer

Umschlag- und Innenillustration: Ralf Butschkow
Umschlagtypografie: knaus. büro für konzeptionelle und visuelle identitäten, Würzburg
Gesamtherstellung: Westermann Druck Zwickau GmbH
ISSN 0518-4002
ISBN 3-401-02479-5

www.arena-verlag.de

L'affaire des chewing-gums

détective privé (m) – Privatdetektiv

voler – stehlen

suspect, e – verdächtig

affaire difficile (m) – schwieriger Fall

recherche (f) – Ermittlung, Nachforschung

indice (m) – Anzeichen, Indiz

tu es pris au piège – du sitzt in der Falle

Je m'appelle Kwiatkowski. Je suis détective privé. Je vais bientôt me lever et prendre mon petit déjeuner: un verre de lait et mon premier chewing-gum de la journée. Mais pas n'importe quel chewing-gum. Je n'aime que les Carpenters. Tous les autres ont un goût de vieille semelle. J'ai toujours été détective privé. Bébé, je retrouvais déjà chaque cube et

se lever – aufstehen
petit déjeuner (m) – Frühstück
lait (m) – Milch
n'importe quel – irgendein
goût (m) – Geschmack
vieille semelle (f) – alte Schuhsohle
cube (m) – Baustein

chaque bonbon dans le sable. Je ne sais pas pourquoi, j'ai toujours eu du nez pour ça. Comme par exemple pendant les dernières vacances d'été.

Je suis assis à mon bureau devant un verre de lait, dans ma chambre. Je veux prendre un chewing-gum, mais le paquet est vide. Je vais donc au kiosque d'Olga. Je trouve mes chewing-gums préférés seulement chez elle. Je suis un de ses meilleurs clients.

«Salut, Kwiatkowski! me dit Olga.

– Salut, Olga. Je voudrais cinq paquets de Carpenters et une limonade, s'il te plaît.

Je voudrais – ich hätte gerne
sable (m) – Sand
été (m) – Sommer
je suis assis – ich sitze
vide – leer
meilleur client (m) – bester Kunde

– Voilà ta limonade. Mais . . .»
Après une seconde de panique, je lui demande: «Tu n'as plus de Carpenters?
– Depuis quelque temps, quelqu'un vole les chewing-gums, comme ça» répond Olga.
«Comment?» Je n'en crois pas mes oreilles. «Quelqu'un vole des chewing-gums? Depuis quand?»
– Depuis deux, trois jours. Et seulement les Carpenters. C'est bizarre, non? J'en reçois chaque jour de nouveaux et quand quelqu'un veut en acheter, ils ont disparu!»

quelqu'un – jemand
croire – glauben
bizarre – seltsam
je reçois – ich bekomme
ils ont disparu – sie sind verschwunden

JOURNAUX
LUME
EV
ARPENTER
HUI

«Tu les as peut-être mis à une autre place», lui dis-je.

«Je ne suis pas folle!», proteste Olga. «Et j'ai cherché partout.»

Je bois ma limonade. «Tu as commandé d'autres Carpenters?

– Bien sûr! Ils vont arriver demain matin. Tu veux tester une autre marque?

– Ça, non! Des Carpenters ou rien!»

Olga rit. «Tu es vraiment mignon, Kwiatkowski.»

Elle fait un geste vers moi. Je fais deux pas en arrière. J'aime bien Olga mais je déteste qu'on me touche!

partout – überall
commander – bestellen
rire – lachen
mignon, ne – süß
pas (m) – Schritt
détester – hassen, verabscheuen
toucher – anfassen

Tout à coup, une idée me vient.
«Demain, je fais le guet. Je veux savoir qui vole les chewing-gums. Ce sont des professionnels. Ils te volent ton slip sans que tu le voies!
– Si quelqu'un me vole, je dois appeler la police», dit-elle.
Je lui demande: «Tu crois vraiment que la police s'intéresse à des chewing-gums? Non, laisse-moi faire.»
Olga répond: «D'accord. C'est sympa. Merci.»
Elle fait un geste vers moi comme pour m'embrasser. Ah non! Merci!
Je fais un pas en arrière.

je fais le guet – ich lege mich auf die Lauer
si – wenn
je dois – ich muss
embrasser – küssen

Je lui dis: «Attention! Je ne travaille pas pour rien!
– Comment?» fait Olga.
«Seulement si je les trouve, tu me donnes cinq paquets de Carpenters. D'accord?
– D'accord, Kwiatkowski!» répond Olga.

2

Le lendemain, le réveil sonne à cinq heures du matin. Pas de Carpenters aujourd'hui, au petit déjeuner! Quelle vie fade et triste sans mes chewing-gums préférés! Je vais prendre une bouteille de lait dans le frigo. Ma mère dort encore. Je sors en silence et vais au kiosque d'Olga. Il est encore fermé. Il y a une pile de journaux du matin devant la porte. Je me cache derrière un

réveil (m) – Wecker
matin (m) – Morgen
frigo (m) – Kühlschrank
pile (f) – Stapel
je me cache – ich verstecke mich

buisson pour observer le kiosque sans être vu. Je pose la bouteille de lait à côté de moi. Attendre donne soif!
Olga arrive un peu avant six heures. Elle ne me voit pas. C'est bien comme ça. Tout doit avoir l'air normal. Et j'attends.
Deux heures plus tard, un camion stoppe devant le kiosque. Il apporte des bonbons, des chips et . . . mais oui, des chewing-gums Carpenters. Oh, comme je voudrais bien prendre un chewing-gum! Mais impossible! Je suis en mission.
Je bois mon lait. Olga range les Carpenters sur le comptoir. Tout à coup, je vois arriver trois enfants

buisson (m) – Busch
observer – beobachten
comptoir (m) – Theke

devant le kiosque: deux garçons et une fille. Ils font tout pour paraître normal. Mon nez me dit que c'est suspect. Les deux garçons parlent à Olga. Elle disparaît derrière le comptoir. À ce moment-là, la fille grimpe sur le comptoir, met vite tous les Carpenters dans son sac et part en courant. Les garçons aussi. Et Olga cherche toujours quelque chose dans son kiosque.
Ce n'est pas possible! Voler mes chewing-gums préférés, sous mon nez! Je cours après la fille et la rattrape vite. J'attends qu'elle arrive à un feu

paraître – scheinen
disparaître – verschwinden
grimper – klettern
part en courant – rennt weg
rattraper – einholen
feu (m) – Ampel

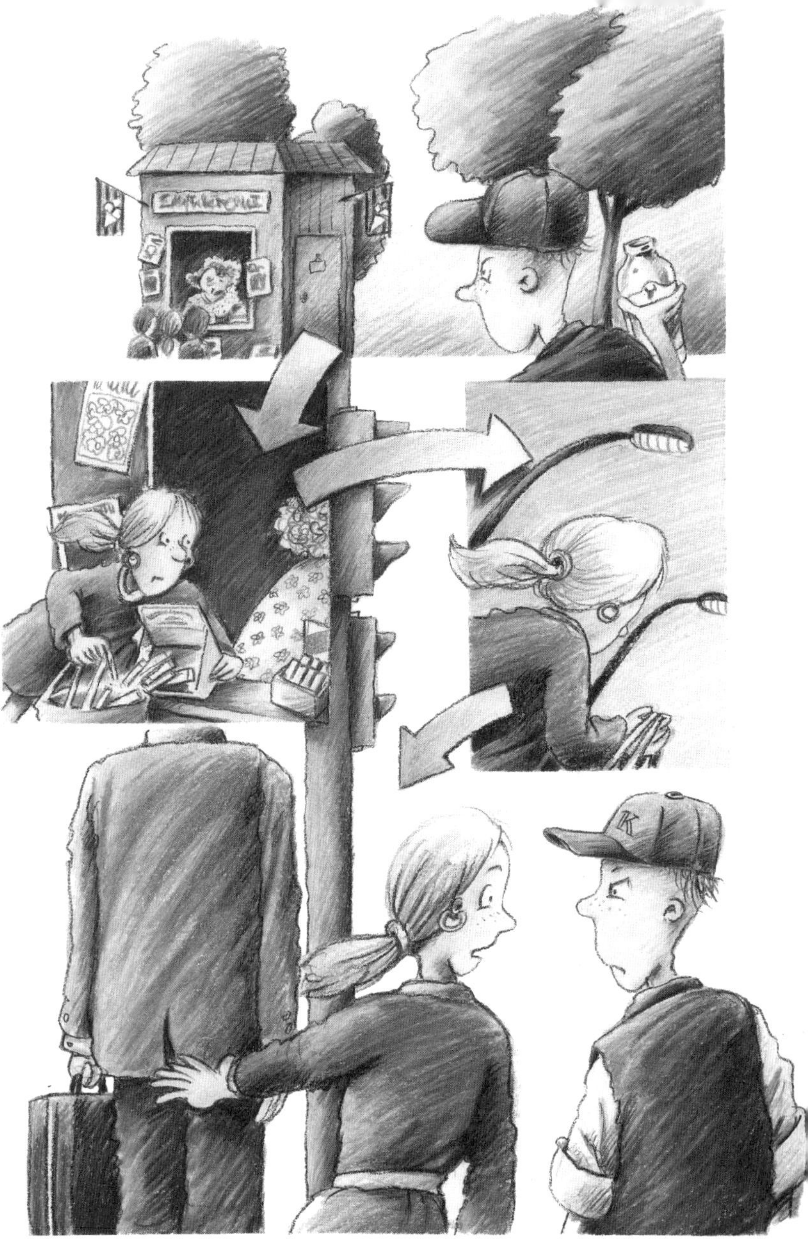

rouge. Je suis à côté d'elle et lui demande: «Tu me donnes un chewing-gum?» Quel choc!
Elle veut traverser la rue avec toutes ces voitures. Je la retiens par le bras et lui crie: «Tu es folle?»
Sans me dire merci, elle répond sur un ton mauvais: «Laisse-moi tranquille!»
Ah ça, pas question! Je tire sur son sac. 50 paquets de Carpenters tombent par terre. 50 paquets! C'est assez pour deux mois.
Je lui demande: «Pourquoi est-ce que tu les as volés?» Elle ne répond pas.
Elle ramasse vite les paquets.

tranquille – in Ruhe
tirer – ziehen
ramasser – aufheben

Je répète: «Pourquoi est-ce que tu les as volés?
– Je ne les ai pas volés», répond-elle tranquillement.
«Je vous ai observés au kiosque, toi et tes amis. Les deux garçons ont parlé avec Olga et toi, tu as volé les paquets.»
Elle reste tranquille. «Et alors? Tu vas appeler la police maintenant?»
Je réponds: «Tu ne comprends rien. Vous avez volé MES chewing-gums! Carpenters, c'est ma marque préférée. C'est ça mon problème!»
Pendant un moment, la fille ne dit rien.
Elle demande tout à coup: «On partage?

partager – (auf)teilen

– Pa . . . partager? Les chewing-gums sont à Olga. Tu dois les rendre à Olga.
– Je ne peux pas», dit-elle gênée.
Alors j'ai une idée: «Si tu veux, c'est moi qui les rapporte à Olga.»
Maintenant, elle est contente.
«Mais je veux savoir pourquoi tu voles des Carpenters. Olga a aussi d'autres chewing-gums.»
Elle ne répond pas.
J'attends.
Enfin, elle dit: «C'est simple: c'est aussi ma marque préférée.»
Je la regarde droit dans les yeux: «Si c'est comme ça, on va ensemble chez Olga.»
Elle n'est pas très contente de cette

yeux (m *pl*) – Augen

idée. «Bon, d'accord. Je vole les chewing-gums pour quelqu'un d'autre. Il veut seulement des Carpenters. Rien d'autre. Mais je ne sais pas pourquoi.»

Je lui demande: «Il s'appelle comment?»

Elle répond: «Je ne connais pas son vrai nom. Tout le monde l'appelle le Serpent.»

Pour une surprise, c'est une surprise! Je connais le Serpent. Son vrai nom est Dieter Schlang.

Il faut que je rentre à la maison . . . pour réfléchir. C'est une affaire difficile.

Je dis à la fille:

«Donne-moi ton sac.

réfléchir – nachdenken

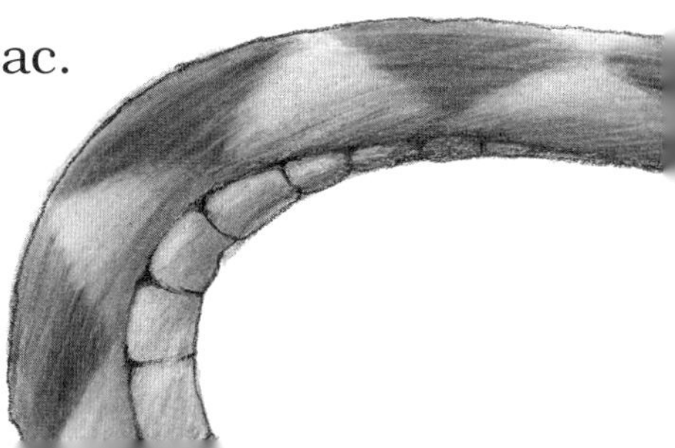

Je rapporte les chewing-gums à Olga.»
Elle me demande: «Comment-tu t'appelles? C'est pour te retrouver. Je voudrais revoir mon sac.
– Kwiatkowski, j'habite au numéro 15, rue des Érables, pas loin du kiosque. Et toi, comment tu t'appelles?
– Colette.»

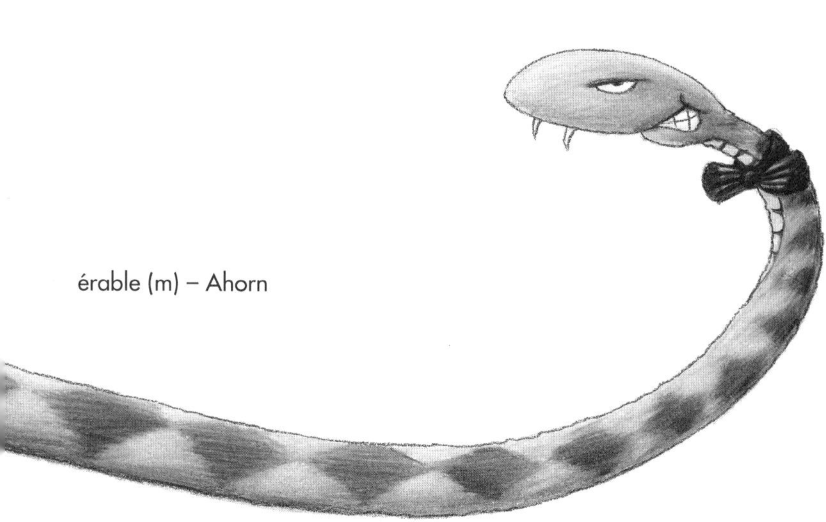

érable (m) – Ahorn

3

Je retourne au kiosque d'Olga et pose les 50 paquets sur le comptoir.
Elle dit: «Tu es un génie, Kwiatkowski! Mais où les as-tu retrouvés? Qui les a volés?
– Je n'ai pas le temps, maintenant. Donne-moi deux paquets de Carpenters, s'il te plaît.»
Je lui donne l'argent mais elle proteste: «On a dit: 5 paquets gratuits pour tes recherches.»
Je réponds: «Garde l'argent. L'affaire n'est pas encore finie.»

argent (m) – Geld
gratuit, e – umsonst

C'est seulement au lit que je peux réfléchir. Dans MON lit. Alors je prends deux chewing-gums et m'allonge. Il y a un grand chaos dans ma tête mais bientôt, le calme revient. Pourquoi est-ce que le Serpent engage des enfants pour voler des Carpenters? Et seulement des Carpenters? Il a sûrement une idée derrière la tête! Mais laquelle? Et quel rôle joue Colette dans cette histoire? Le serpent est malin.

allonger – hinlegen
malin, maligne – schlau

J'ai fait sa connaissance l'année dernière. Il vendait des boules de naphtaline à l'école et disait que c'étaient des boules magiques. Pas facile de le démasquer! Mais je suis vraiment un bon détective! Il a juste dit: «Pas mal, Kwiatkowski. Au REVOIR!» Et maintenant, j'ai une deuxième affaire avec lui et je vais peut-être le REVOIR. Mais il ne sait pas que je suis sur sa trace. Colette ne va pas tout lui raconter.
Colette! Zut! J'ai complètement oublié de lui demander son adresse.
Maintenant, je dois trouver où est le Serpent. Je connais le quartier des

Il vendait (imparfait) – er verkaufte
boule (f) de naphtaline – Mottenkugeln
Il disait (imparfait) – er sagte
démasquer – entlarven
trace (f) – Spur
zut! – Verflixt!

Arrêt
Abattoir

abattoirs. C'est là que lui et sa bande se cachaient le plus souvent. Je vais aller voir là-bas.

Je prends le tram; j'ai marché assez longtemps derrière Colette, je n 'ai pas envie d'avoir les pieds plats, comme la plupart des détectives célèbres.

J'arrive aux baraques des abattoirs mais elles sont vides. Je demande à quelques travailleurs mais ils n'ont pas vu le Serpent depuis des semaines. Je vais en direction de la station de tram. Je sens que quelqu' un est derrière moi. Je me retourne. Rien. Tout est normal. Je suis content de monter dans le tram. Un homme vient à côté de moi. Il sort

abattoir (m) – Schlachthof
Je me retourne – ich drehe mich um

un paquet de chewing-gums de sa veste. Ce sont des Carpenters.
Je trouve cet homme sympathique.
Je lui demande:
«Ils sont vraiment bons, hein?
– Excellents!
– C'est ma marque préférée.
– Vraiment? Moi, je les ai achetés pour la première fois, il y a deux jours.»
Je lui demande:
«Au kiosque d'Olga?
– Chez Olga? Non.

hein? – nicht wahr?
Il y a – vor

C'est un garçon qui me
les a vendus.
– Un garçon? Qui?
Comment était-il? Où était-il?»
L'homme répond seulement:
«Au marché aux puces des enfants.
Je descends ici.» Et le voilà sorti.
Le marché aux puces des enfants.
C'est ça! Le Serpent vole les
chewing-gums pour gagner de
l'argent.
Ou peut-être qu' Olga et le Serpent
ont eu une dispute.

il était (imparfait) – er war
marché (m) aux puces – Flohmarkt
dispute (f) – Streit

Et c'est pourquoi il lui vole ses chewing-gums.
Je retourne au kiosque d'Olga. Je lui demande mais elle ne connaît pas le Serpent. Alors, que faire? J'ai une idée: je vais encore me cacher derrière le buisson et attendre. Les voleurs vont peut-être venir et je vais les suivre jusqu' au Serpent.

suivre – folgen

4

Toute la journée, j'attends Colette chez moi mais elle ne vient pas. Le paquet de Carpenters est vide le soir. Le lendemain matin, le réveil sonne à cinq heures. Il pleut! La journée commence mal. Et j'attends des heures derrière le buisson. Je suis complètement mouillé. Quel temps de chien! Mais pas un chien dans la rue. Seulement un détective. Après 4 heures, je rentre chez moi et je prends un bon bain: je ne veux pas être malade après cette journée. Je suis bien. Je ne pense à rien.

il pleut – es regnet
mouillé, e – nass
temps (m) – Wetter

Tout à coup, on sonne à la porte. C'est Colette! Je suis content de sa visite mais je ne le montre pas: «Ah! C'est toi? Salut!»

Elle répond: «Salut!»

Je ne sais pas quoi dire. Je ne dis rien. Elle non plus.

Enfin, elle demande: «Euh, où est mon sac?»

Je cherche derrière le lit et lui donne son sac. Elle dit merci et sort.

Je crie: «Attends! Pas si vite! Dis-moi si tu sais où je peux trouver le Serpent.»

Elle répond seulement:

«Non. Je ne sais pas.

– Je n'ai rien dit à Olga alors tu peux faire quelque chose pour moi maintenant», je lui dis.

Elle est d'accord: «Bon, je vais te dire où nous livrons les Carpenters.

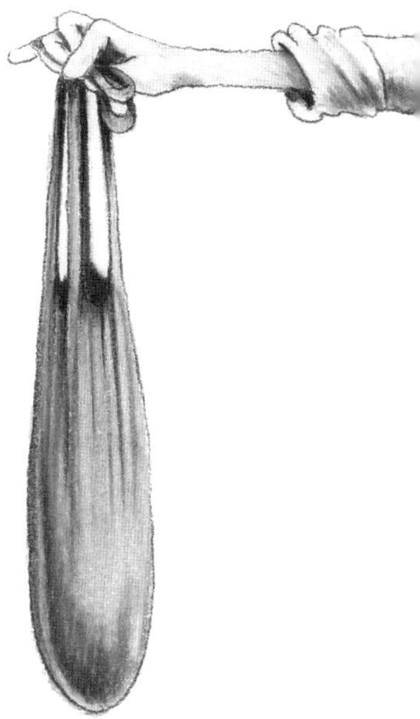

quoi – was
nous livrons – wir liefern ab

Mais ne raconte jamais au Serpent ce que je t'ai dit, s'il te plaît. Nous livrons les chewing-gums au cimetière, dans une poubelle, à côté d'un banc. Après, nous partons. C'est tout.»

Elle ouvre la porte.

Je lui dis: «Attends, j'ai encore deux questions. Pourquoi est-ce que tu fais ça pour lui? Et où est-ce que tu habites?»

cimetière (m) – Friedhof
poubelle (f) – Abfalleimer
banc (m) – Bank

Elle répond: «Ça ne te regarde pas, Quiétchatkovski.»
Je la corrige, énervé: «Je m'appelle Kwiatkowski.»
Elle part.
Je pense d'abord: «Je cours derrière elle.» Mais je veux aller au cimetière.
Le cimetière est loin de chez moi.
Il est midi quand j'arrive là-bas.
Colette m'a expliqué comment trouver le banc:

ça ne te regarde pas – das geht dich nichts an
énervé, e – genervt

index (m) – Zeigefinger
cassé, e – zerbrochen, kaputt

. . . Passe à côté
du cimetière
militaire . . .
. . .Tourne
à droite . . .
. . . Ensuite, tu vas voir
un banc bleu et un vert . . .
. . . C’est le vert.»

Je ne trouve pas l'ange à l'index cassé, la première fois.
Ensuite, je me perds dans le cimetière militaire et enfin je trouve le banc vert.
Mais que faire ici? Je ne sais pas.
Alors je fais mon travail de détective: chercher, chercher encore, chercher toujours. Je regarde dans la poubelle: il y a des tickets de tramway, un vieux journal, des fleurs fanées et un paquet de cigarettes vide. Rien d'intéressant pour moi.
Je regarde encore une fois le journal.
Sur la première page il y a la photo d'un char et à côté, je vois deux mots écrits à la main.

vieux, vieille – alt
fané, e – verwelkt
char (m) – Panzer

Je ne peux pas lire le premier.
Il commence par un *V*. Le deuxième, c'est *USINE*.
C'est peut-être un indice. Mais qui a écrit cela? Je mets le journal dans la poche de ma veste et je rentre chez moi.
En chemin, je réfléchis: «Qu'est-ce que ça peut être ce *V?* Une usine de *VIOLONS;* de *VÊTEMENTS*, de *VÉLOS* ou de *VACHES?*» Les idées les plus idiotes me passent par la tête.
Quand j'arrive chez moi,
je trouve une lettre de ma mère sur mon lit. Elle est déjà partie au travail.

usine (f) – Fabrik
poche (f) – Tasche
vache (f) – Kuh

Salut, mon grand détective!
Comment ça va? Tu as beaucoup de travail en ce moment. C'est une affaire difficile? Je te souhaite bonne chance. Tu as faim? Il y a des crêpes dans le frigo. Fais-les réchauffer dans la vieille poêle. Je rentre tard ce soir.
Je t'embrasse. Maman.

Mmmm! Des crêpes! Maman sait vraiment ce que j'aime. Je prends la vieille poêle. Je la mets sur le feu avec de la margarine dedans. Je pose une crêpe dans la poêle et tout à coup, ça fait tilt dans ma tête. Je regarde la vieille poêle, la vieille . . . mais bien sûr:

je te souhaite – ich wünsche dir
fais-les réchauffer – wärme sie auf
poêle (f) – Pfanne
tilt – klick

la VIEILLE USINE. J'ai trouvé! Je sors le journal de ma poche et regarde les lettres. C'est ça! La vieille usine existe vraiment. Elle n'est pas loin de mon école. Elle est vide depuis quelques années. Les fenêtres et le toit sont cassés. Ma mère dit que c'est dangereux là-bas. Je pense que c'est une cachette idéale pour le Serpent. C'est peut-être là que je vais trouver la clé du problème. La journée va être longue.

Mais d'abord, je mange deux crêpes pour prendre des forces.

fenêtre (f) – Fenster
toit (m) – Dach
cachette (f) – Versteck
clé (f) – Schlüssel, Lösung
force (f) – Kraft

5

L’usine est à côté de chez moi. J’arrive là-bas. Je ne vois personne. Seulement une bouteille vide de coca qui roule par terre. La porte d’entrée est fermée. Alors je grimpe par une fenêtre cassée. Je suis dans une grande salle complètement vide. Pas de Carpenters et

ne...personne – niemand

surtout pas de Serpent. Seulement de la poussière. Je vais dans une autre salle et qu'est-ce que je vois tout à coup par terre? Un morceau de papier. C'est un paquet de Carpenters vide. Maintenant, c'est sûr: le Serpent n'est pas loin. Je cherche d'autres indices et je trouve un autre

poussière (f) – Staub
morceau (m) – Stück

paquet vide. J'arrive devant une grande porte. Elle s'ouvre en grinçant. Dans la salle, il n'y a rien. Pas de Carpenters. Seulement des morceaux de verre par terre. Je cherche dans un petit atelier sans fenêtre et c'est là que je le trouve: un carton plein de Carpenters! Bravo! Quel génie je suis! Je suis le plus grand détective après Sherlock Holmes.

À ce moment-là, une porte s'ouvre et j'entends derrière mon dos:

«Salut Kwiatkowski! Enfin, te voilà!»

Je connais cette voix. Je me retourne. Dieter Schlang est devant la porte avec quatre garçons de sa

en grinçant – quietschend
voix (f) – Stimme

bande. Je regarde autour de moi. Pas de fenêtre pour sortir. Seulement cette porte. Je suis pris au piège.
Le Serpent me montre le carton: «Sers-toi! Il y a assez de chewing-gums. Et si je suis bien informé, c'est ta marque préférée, n'est-ce pas?»
Je ne réponds pas.
Il dit: «Mon plan a bien fonctionné!»
Je ne dis rien d'abord puis je demande: «Ton . . .ton plan?»
Il rigole: «Mais bien sûr, imbécile! Tu n'as pas encore compris? Quand tu ne manges plus de Carpenters, tu ne peux plus penser. L'action au kiosque,

autour de – um
piège (m) – Falle
sers-toi – bedien dich
imbécile (m) – Dummkopf

la poubelle au cimetière, le journal, les paquets vides par terre . . . C'est moi qui ai tout organisé. Pas mal, mon plan! Non?»

Je ne comprends toujours pas: «Bon, tu as volé les chewing-gums pour m'attirer ici. Mais alors pourquoi est-ce que tu les vends au marché?»

Le Serpent applaudit: «Bravo! Tu es vraiment un grand détective! C'est pour gagner un peu d'argent à côté.»

Je me demande si c'est moi qui suis idiot ou si c'est lui qui est un génie?

«Et pourquoi est-ce que tu as fait tout ça?»

Il rigole encore plus: «D'abord, parce que ça m'amuse. Et puis, je t'ai dit *AU REVOIR* l'année dernière. Je n'ai pas

attirer – locken

oublié!» Il sort un gros cigare de sa poche. «Et maintenant, tu vas fumer ce cigare. Et après, je ne veux plus te voir sur mon chemin!»
Je lui demande: «Et si je ne le fume pas?»
Il regarde ses amis: «Ils vont te frapper.»
Fumer un cigare ou des coups? Je n'aime pas ça du tout. Je réfléchis et je lui dis: «Écoute, j'ai une idée!»
Il se moque de moi. «Toi, tu as une idée?
– Oui. Je te propose un pari.»

fumer – rauchen
des coups (m) – Schläge
proposer – vorschlagen
pari (m) – Wette

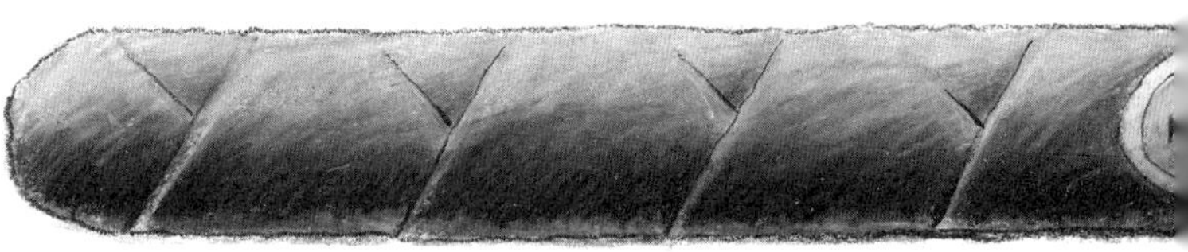

Le Serpent rigole encore plus: «Tu es pris au piège et tu me proposes un pari! Et tu penses à quelle sorte de pari?»

Je ne peux pas penser en ce moment. C'est le problème. Je ne réponds pas. J'ai un geste nerveux: je mets les mains dans mes poches. Et quelle chance! Je trouve un paquet de chewing-gums vide.

Et voilà mon idée: «Je parie que je peux faire une plus grosse bulle avec mon chewing-gum que toi.»

Le Serpent fait la grimace. «Je ne suis pas d'accord. Tu es un spécialiste.»

bulle (f) – Blase

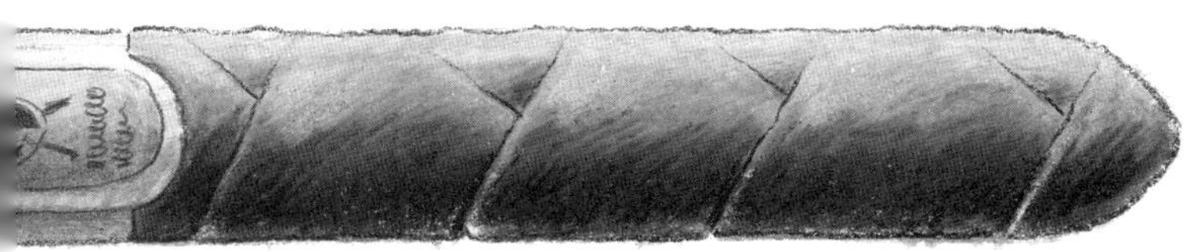

Je lui dis: «Alors tu prends deux chewing-gums et moi, seulement un.» Le Serpent n'est toujours pas d'accord.
Je lui propose: «Bon, alors, trois?»
Le Serpent répond: «D'accord! Mais on prend ma marque de chewing-gums. Si je gagne, tu fumes le cigare.»
Et je lui dis: «Et si c'est moi qui gagne, tu bois une grande bouteille de ketchup.«
Un des amis du Serpent va au supermarché acheter une bouteille de ketchup. Le Serpent sort un paquet de chewing-gums de sa poche, m'en donne un et s'en met trois

dans la bouche. Beurk! Les chewing-gums les plus dégoûtants! Le type revient avec la bouteille de ketchup et le Serpent donne le signal du départ: «Un, deux, trois, partez!« J'ai peu de chance de gagner. Un chewing-gum contre trois. Je commence à souffler un peu. Encore un peu. Je fais très attention. Ma bulle est encore très petite. La bulle du Serpent est beaucoup plus grande. Ses amis se moquent de moi.
Alors, je souffle plus fort. Ma bulle grossit, grossit. Le Serpent, lui, ne peut plus souffler et ma bulle continue à grossir.
Maintenant, elle est

dégoûtant, e – ekelhaft
souffler – pusten, blasen

grosse comme un ballon de foot et tout à coup, elle éclate en même temps que la bulle du Serpent.
J'ai gagné! Et sans mes Carpenters!
Le Serpent me dit: «Pas mal, Kwiatkowski! Tu peux te présenter dans un cirque avec ce numéro.«
Sans répondre, je lui donne la bouteille de ketchup. Il boit un peu, puis fait une grimace.
Après une longue pause, je lui dis:
«Allez, le Serpent, toute la bouteille!«
Il vide le ketchup
puis il dit:
«Dégage,
Kwiatkowski!
– Avec plaisir! Mais

éclater – platzen
cirque (m) – Zirkus
dégage – verzieh dich

je prends aussi les Carpenters avec moi.«

Le Serpent ne dit rien.

Je lui demande: «Et l'argent que tu as gagné au marché aux puces?

– Ah ça, non!» Il crie maintenant.

Je lui dis calmement: «Je peux tout raconter à Olga. Et elle peut aller à la police.»

Alors, le Serpent me donne un billet de 10 Euros: «Tiens! Tu es un vrai . . .»

Le Serpent ne peut pas finir sa phrase: au même moment, il met une main devant sa bouche et l'autre au derrière et il part en courant, sa bande

bouche (f) – Mund

derrière lui. Je pense que le ketchup a fait son effet!
Je sors de l'usine avec le carton de Carpenters sous le bras. Une surprise m'attend: Colette est là, devant l'usine.
Elle me demande: «Qu'est-ce qu'il s'est passé? Ils t'ont rendu les chewing-gums, comme ça?
– Si on veut. J'ai gagné un pari.
– Moi, je ne veux plus travailler pour eux!» dit-elle.

effet (m) – Wirkung

Et nous allons chez Olga. Je prends un lait et elle, une limonade.

Voilà l'histoire de l'affaire des chewing-gums Carpenters. Et le Serpent. Je ne l'ai jamais revu. Peut-être une autre fois, dans une autre affaire. Les détectives privés comme moi n'ont pas d'affaires sans des gens comme le Serpent . . .

Hinweise für Eltern und Lehrer

Dieses Buch basiert auf einem Grundwortschatz von ca. 450 Wörtern. Kinder können in der Fremdsprache viel mehr verstehen, als man bisher immer angenommen hat. Sie achten auf die Wörter, die die Inhalte tragen, nicht auf die grammatischen Wörter. Bei der Übertragung der Kwiatkowski-Abenteuer haben wir besonders viele Wörter benutzt, die ganz ähnlich wie im Deutschen sind (idée, mission, suspect, kiosque usw.) Auch wenn ein Kind manchmal nur die Hälfte eines Satzes versteht, kann es mithilfe der Bilder, der Ähnlichkeiten zum Deut-

schen und der Vokabelangaben der Geschichte folgen.
Apropos Vokabelangaben: Sie sollen Hürden abbauen und nicht neue Hürden schaffen. Deshalb sind sie im Unterschied zu den gängigen Französisch-Lehrwerken so verfasst, dass sie teilweise aus ganzen Phrasen bestehen und möglichst wenig grammatisches Wissen von den Lesern abverlangen.
Entscheidend ist: Sie können Ihrem Kind dieses Buch ruhig in die Hand geben, wenn Sie das Gefühl haben, dass es sich für die Abenteuer von Kwiatkowski interessiert.
Die Interpunktion folgt den französischen Regeln; diese unterscheiden sich, beispielsweise bei den An- und

Abführungszeichen, erheblich vom Deutschen. So umschließen die Anführungszeichen immer den gesamten Dialog; der Sprecherwechsel wird durch einen Gedankenstrich signalisiert.

Andreas Schlüter

Level 4
– Kid City

Der Erfolgsroman "Level 4 -Die Stadt der Kinder" jetzt in englischer Übersetzung

"Die Stadt der Kinder" ist für den dreizehnjährigen Computerfreak Ben das Spiel aller Spiele. Noch nie ist es ihm gelungen, die letzte Spielebene zu erreichen.Bei einem seiner unzähligen Versuche verschwinden durch einen Fehler im Programm alle Erwachsenen - nicht nur im Spiel, sondern auch in der Wirklichkeit.

Arena-Taschenbuch - Band 2449
Schulausgabe für die Mittelstufe
Mit Vokabelhilfen
200 Seiten

Arena

www.arena-verlag.de

Englisch lernen mit KNISTER

Lilli the Witch at Vampire Castle

So macht Englischlernen richtig Spaß: KNISTERs spannendes Abenteuer über Hexe Lilli auf Schloss Dracula in einer einfachen, lesedidaktisch erprobten englischen Fassung mit garantiertem Erfolgserlebnis. Begeistert werden die jungen Leser die aufregende und doch auch sehr komische Geschichte verfolgen, in der Lilli zusammen mit ihren frechen Fledermausfreunden ein ganzes Dorf vor den vertrottelten und doch sehr gefahrlichen Blutsaugern rettet.

Arena-Taschenbuch – Band 2425
72 Seiten
Ab Ende des 1. Englisch–Lehrjahres

KNISTER im Internet!
Mit KNISTER Spieleseiten!

Lilli the Witch gibt es auch auf CD und Kassette von Igel Records

www.knister.com www.arena-verlag.de